会计学原理要诀

郭松克　邱丹平　著

中国财富出版社有限公司

图书在版编目（CIP）数据

会计学原理要诀／郭松克，邱丹平著．—北京：中国财富出版社有限公司，2021.6

ISBN 978－7－5047－7472－9

Ⅰ.①会…　Ⅱ.①郭…　②邱…　Ⅲ.①会计学—基本知识　Ⅳ.①F230

中国版本图书馆 CIP 数据核字（2021）第 125666 号

策划编辑　李　丽　孟　婷　　**责任编辑**　张红燕　张　婷
责任印制　尚立业　　**责任校对**　孙丽丽　　**责任发行**　董　倩

出版发行　中国财富出版社有限公司
社　　址　北京市丰台区南四环西路 188 号 5 区 20 楼　　**邮政编码**　100070
电　　话　010－52227588 转 2098（发行部）　010－52227588 转 321（总编室）
010－52227566（24 小时读者服务）　010－52227588 转 305（质检部）
网　　址　http：//www. cfpress. com. cn　　**排　　版**　宝蕾元
经　　销　新华书店　　**印　　刷**　北京九州迅驰传媒文化有限公司
书　　号　ISBN 978－7－5047－7472－9/F·3346
开　　本　787mm×1092mm　1/32　　**版　　次**　2021 年 9 月第 1 版
印　　张　3.75　　**印　　次**　2021 年 9 月第 1 次印刷
字　　数　50 千字　　**定　　价**　38.00 元

前　言

人老了，闲暇之时那些陈年旧事不断涌上心头。其中最难以忘怀的还是那些童年时的乐趣……

“月姑娘，明晃晃，开开后门洗衣裳……”妈妈的浅唱让我欢呼雀跃，在月光下、池水边、垂柳旁……

“松下问童子，言师采药去。只在此山中，云深不知处。”爷爷的吟诵让我托腮静听，在麦田里、杨树林中、南山岗上……

近来，偶然读到了清代王概、王蓍、王臬所著的《青在堂画学浅说》，其为了便于传授画技，将草虫、花鸟等的绘画要旨以口诀形式呈现。受此启发，我忽然顿悟：朗朗上口的小曲和诗句会让人留下深刻的记忆。

由此我联想到在近四十年的从教生涯中，会计学原理这门课程是会计及相关专业的基础必修课，被称为世界通用的“商业语言”，但因其经济业务的具体、繁杂，几乎所有的初学者都会感到枯燥，许多专业内容不好记忆。

一首小曲，可以让我们思维活跃，在短时间内记住丰富的内容；一首小诗，可以让我们脑洞大开，在短时间内感受包罗万象的乾坤之美。我们何不借他山之石，攻一下该门课程之玉呢？当我把这一想法透露给广州应用科技学院会计系主任邱丹平老师时，她很愿同我一起将这一设想付诸实践。故此，这一尝试，不再是孤掌难鸣了！

相信朗朗上口的会计学原理要诀（或曰“顺口溜”），会让你耳目一新，引你走向皓月当空的知识天地，引你步入美轮美奂的专业殿堂。

郭松克　邱丹平

广州应用科技学院　城乡文化发展研究中心

2021 年 4 月 20 日

目　录

1. “目录”要诀

会计原理分数章，
各章名称是要纲。
提纲挈领最重要，
每章名称细端详：
一是总论二要素，
复式记账第三讲，
经济业务第四论，
凭证账簿五六章，
账务处理程序多，
列入七章细细讲，
财产清查第八述，

会计报表九章靓，
工作组织虽为结，
附录内容莫相忘。

解析：

“横看成岭侧成峰，远近高低各不同。不识庐山真面目，只缘身在此山中。”从观察者的角度看，人是处于事物之外的，要想一下子就了解某一事物的全貌和整体架构，还真的会“一叶障目，不见泰山”呢！

对一个初学者而言，会计学原理作为一门会计学专业基础课程，需要先了解它的知识架构和整体面貌，否则一下子就步入知识的“丛林”，真的会茫然无助。

会计学原理课程结构一般而言分为两大部分：一是基本理论；二是基本技能。由于社会对会计行业从业人员有相应的素质要求，所以从育人的角度看，将相关会计组织及人员规制纳入会计学原理的课程体系是非常必要的。为此，学习者要了解它的整体结构，把握它的知识全貌，不妨轻松吟唱如上诗句。

2. “会计产生及发展”要诀

谈起会计有渊源，
先说产生再发展。
旧石器时代前，
剩余成果难觅见。
先祖茹毛又饮血，
人类没有财产管，
自从奴隶社会始，
剩余物品已显现。
分配管理成必要，
计量记录行为现。
透过现象看本质，

穿越时空看本源。
生产活动是前提，
产生动因在财管。
会计发展波澜壮，
后浪迭出永向前。
在中国——
会计称谓西周出，
唐宋又有大发展。
唐设“三省六部制”，
计财改革世领先。
南宋设置“审计院”，
“四柱清册”光灿灿。
旧管新收财若何，
开除实在计损满。
近代会计渐落伍，
国贫民弱是根源，
凄风苦雨花枝萎，

西方列强罪滔天。
看世界——
十五世纪中叶后，
罗马坐拥地中海。
沿岸星罗棋布城，
海上贸易兴起来。
结算催生钱庄业，
肩负使命借与贷。
威尼斯、热那亚，
佛罗伦萨和米兰……
经济繁荣一枝秀，
会计之花奇葩开。
意大利人帕乔利，
著书传播为会计。
《算术、几何、比及比例概要》，
树起近代会计里程碑。
十九世纪脚步近，

工业革命先河开。
瓦特改良蒸汽机，
机器要将人工代。
生产效率大提升，
甚至海中倒牛奶。
股份公司如丛林，
记账算账是“小菜”。
外界监督成趋势，
企业报表须公开。
顺其潮流属英国，
会计师公会揭首牌。
会计独立成职业，
树起里程碑第二块。
第一次世界大战后，
英国地位美代替。
美国国力日渐盛，
无论生产和科技。

此时会计中心转，
美国会计掌话权。
核算体系日臻熟，
成本会计异军起。
二十世纪中叶前，
股份公司大发展。
财务会计兴未艾，
管理会计亦出现。
现代会计雏形定：
公认会计准则成；
业务处理电算化；
国际惯例全球用。
中国会计何去从？
大哥模式先试行。
经济体制转型后，
会计敢同世界连。
会计制度大改革，

“财务通则”[①] 昭告天。
融入世界大格局，
接轨开启新纪元。
百年落伍十年赶，
会计铁军撸袖干。
适应开放新时代，
助推中国梦实现。

解析：

会计的历史溯其源头，至今已流淌数千年之久；从产生和发展的时间维度看，会计是人类社会经济发展到一定阶段的产物，它是人们同自然斗争、同自然相处的重要成果；社会经济越发展会计越发展。当下，会计人应当明白：我们是炎黄子孙，我们的祖先曾创造过会计学科的辉煌，我们现

① “财务通则”指《企业财务通则》，于1992年颁布，并于2006年修订。

在处在圆梦中国的时代，处在会计科学将产生历史性变革的时刻；我们要去的地方当是现代会计的“百花园”，当是会计发展的“自由王国”……

会计历史浩若星汉，前人之著述动辄百万言之多。对初学者来说，应采取“撷珠法”，即把握那些对会计学科和人类历史发展有重大推动作用的历史事件。

该段要诀尝试按时间序列叙述令世人瞩目的中外会计“大事件”，押韵上口、方便记忆，不仅使初学者对会计的历史有一个清晰可辨的整体印象，而且可以在学习中学会同诗歌对话、同历史对话，从而形成自己的独到见解。而要诀本身只扮演一个“导游”的角色，只起到一个“引进门”的作用。

3.“总论”要诀

基本理论在总论，
何为会计先求真。
会计职能虽众说，
核算监督最基本。
四个假设为前提，
会计基础两类分：
权责发生理性强，
收付实现重现金。

解析：

“总论”乃会计基本理论之集成。它主要从会计产生与发展入门，引出会计本质及确切定义，指明会计对象及会计职能；从会计操作需要出发，阐释会计基本假设，进而指明会计实操可供选择的不同基础；从会计提供信息质量的保障着眼，提出并阐述会计信息的质量特征。当然还有一些会计理论与处理方法贯穿教材的各个章节，对“总论”的基本理论形成补充。

何为会计？至关重要！它将影响初学者对会计的总体认知。会计对象是客观存在的资金运动。而会计职能则众说纷纭，不过时间和实践让人们逐渐形成共识——最基本的职能是核算与监督。会计为什么要有基本假设？这是为了确定大家共同遵循的会计核算、监督前提。会计主体假设划定核算、监督空间范围；持续经营假设规划会计主体进行会计核算、监督的生态环境；会计分期假设限定会计主体经济业务核算、监督的时间范围；货币计量假设明确对会计主体进行核算、监督的计量单位及本位货币的选择。

社会上的行业千百种，企业更是不计其数。要履行好核算、监督职能，唯一办法就是确定会计基础。“权责发生制”和“收付实现制”是两大利器，前者解决企业核算、监督问题；后者解决行政事业单位核算、监督问题。

4. “本质与定义”要诀

会计本质有三议：
管理工具不可取，
信息系统有市场，
管理活动更创意。
基于争议和认同，
会计方成此定义：
特定单位是主体，
计量单位主货币，
核算监督相协调，
活动当入大管理。

解析:

认识会计的本质，直接关系对会计职能、地位、作用的界定。本质要透过现象来揭示，透过的程度决定揭示的深度。正因如此，本质问题争议颇大，主要有三种观点。

一是“管理工具论”。该观点流行于20世纪50—80年代，认为会计是一种工作手段，是一个独立的方法体系，既然是技术方法，就不具备管理职能，仅服务于管理。

二是“信息系统论”。会计学的美国原版教材上提出:“会计是一个信息系统。”我国部分会计学者也认为会计的处理对象是价值运动的信息。信息对经营管理而言，充其量只能作为参谋、顾问，是不能直接履行管理之职的。

三是“管理活动论”。这种观点认为，会计是一种社会现象，是人对经济活动进行管理，其实质是进行信息沟通，所从事的活动属于管理范畴。

三种观点各有道理。当下一般认为第三种观点更合理。

基于对会计本质的全方位认识，我国基本统一了会计的定义：会计是以货币为主要计量单位，以凭证为依据，借助于专门的技术方法，对一定单位的资金运动进行全面、综合、连续、系统的核算与监督，向有关方面提供信息，参与管理，旨在提高经济效益的一种经济管理活动。

这一定义阐明了会计的四大特征：对象特定、职能明确、货币计量、经管活动。

5. “会计对象”要诀

会计对象很重要，
资金运动定基调。
对象可以广义讲，
把握却须找代表。
资金运动是广义，
狭义当把工企瞄。
工农商交各不同，
工业企业最典型：
资金链条最完美，
运动有始定有终。
先有资金须投入，

而后资金要运用，
经过供产销阶段，
一次循环即完成，
资金周而又复始，
不断循环周转行。
资金每有一循环，
部分退出是常理：
依法纳税是义务，
及时偿债讲信誉。
不要忘记投资者，
分配利润要积极。
综上所述概括之：
会计对象即是指，
会计核算和监督
的内容。

解析：

凡是特定主体能够以货币计量的经济活动都是会计对象。又言之：会计对象就是会计核算和监督的内容。然而由于会计主体所进行的经济活动的具体内容和性质不同，会计对象之间往往有较大差异。其中最为典型的就是企业会计。即使都是企业，工业、农业、商业、交通运输业、建筑业和金融业等不同行业的资金运动也各有特点。

资金的运动包含资金的投入、运用、退出三个部分。资金的投入包括企业所有者投入的资金和债权人投入的资金。资金的运用是指企业将资金用于生产经营过程，依次经过供应过程、生产过程和销售过程三个阶段，分别表现为货币资金、固定资金、储备资金、生产资金、成品资金等不同形态，最后又回到货币资金形态。资金的退出方式主要包含缴纳税金、偿还债务和向投资者分配股利或利润。资金运动的三部分内容构成开放的运动形式，是相互支撑、相互制约的统一体。没有资金的投入，就不会有资金的循环与周转；没有资金的循环与周转，就不会有债务的偿还、税金的上缴和利润的分配等；没有部分资金的退出，就不会有新一轮资金的投入，也就不会有企业的进一步发展。

6. “会计基础”要诀

确认、计量与报告，
会计基础定主调。
若是权责发生制，
应收应付须知晓：
无论收入或费用，
发生即要归当期，
至于实际收付否，
我们全然不考虑。
若是收付实现制，
现收现付是标记：
收到现金记收入，

付出现金费用记，
至于应归何期间，
我们全然不考虑。

解析：

何为会计基础？即会计确认、计量和报告的基础，包括权责发生制和收付实现制。权责发生制是以收入、费用是否发生而不是以款项是否收到或付出为标准来确认收入和费用。所以凡是当期发生，就要作为当期的收入或费用进行确认；凡是当期不发生，就不应当确认为当期的收入或费用。收付实现制则是以款项的实际收付为标准来确认本期收入和费用的一种方法。凡是在本期收到的收入或支付的费用，就应当作为本期的收入和费用处理。反之，凡是本期未收到的收入和未支付的费用，就不应当作为本期的收入和费用处理。《企业会计准则——基本准则》第九条规定，企业应当以权责发生制为基础进行会计确认、计量和报告。目前，我国的政府与非营利组织会计则一般采用收付实现制，事业单位除经营业务外，其他业务也采用收付实现制。

7. “会计要素”要诀

对象具体成要素，
六大要素须深悟：
资产负债性相对，
权益不可列收入。
收入费用性相对，
利润有正也有负。

解析：

会计的一般对象是资金运动，而资金运动相当复杂，要想对其进行详细而有效的核算、监督，就必须将其具体化，结果就形成六大会计要素。要素之间边界分明，无死角地带，虽各霸一方，但构成特定单位的经营活动的“全部领土”。

资产是企业过去交易或事项形成的，由企业拥有或控制的，预期会给企业带来经济利益的资源。负债是企业过去交易或事项形成的，预期会导致经济利益流出企业的现时义务。二者的性质相对。

《企业会计准则——基本准则》中对所有者权益这样定义：“企业资产扣除负债后由所有者享有的剩余权益。”因它是投资人投入的资本及增值部分，所以在使用上同借入的负债是有本质区别的，一定要注意它的特点。

收入是企业日常活动中形成的，会导致所有者权益增加的，与所有者投入资本无关的经济利益的总流入。费用是企业日常活动中发生的，会导致所有者权益减少的，与所有者分配利润无关的经济利益的总流出。二者的性质相对。

利润是企业在一定期间的经营成果。它包括全部收入减去费用后的净额、直接计入当期的利得和损失等。而直接计入当期的利得和损失，指应当计入当期损益，会导致所有者权益发生增减变化，与所有者投入资本或向所有者分配利润无关的利得和损失。企业通常用三个指标来衡量不同的利润，即营业利润、利润总额、净利润。从理论上讲，企业的利润有三种情况：正值、负值、0。通常将上述三种情况称为：利润、亏损、不盈不亏。现实中第三种情况几乎是不存在的。

8. “会计等式”要诀

资产权益两边等，
收入费用变化中。
利润定是二者差，
隐入等式仍平衡。

解析：

对企业而言，所拥有的全部资产是由企业所有者投入资本和借入资金形成的。这一规律奠定了静态下会计等式的成立，即资产 = 负债 + 所有者权益，因等式右边要素（债权人权益和所有者权益）均属权益，所以“资产 = 权益”。企业一旦经营，就有收入、费用发生，而一定时期的收入减去费用则为利润，“收入－费用＝利润”是动态下的会计等式。结合动态下各要素的变化，就产生了综合会计等式：资产＋费用＝负债＋所有者权益＋收入，利润要素被隐含了。正因为如此，尽管各要素都会不断出现货币表现量上的变化，对初始等式两边的货币表现量造成影响，但将其放在特定的时点审视，会计等式两边的货币表现的平衡关系又是绝对的。

9. “会计科目”要诀

会计科目是什么？
会计要素具体化。
科目分类要把握，
两种分类姐妹花。
一按所属要素分，
一一对应成六类。
二按统驭关系分，
总账明细血缘亲。
注意会计科目表，
现实理论有差异。
理论分为六大块，

实际五类列表序。
资产、负债无变化，
权益仍然对权益。
收入、费用和利润，
三项重新组合为，
成本类与损益类。

解析：

我们已经了解并掌握了会计要素，那么会计科目是什么呢？会计科目是对会计要素内容的具体分类。每个会计科目都有明确的含义、核算范围。比如，“库存现金”这个会计科目就表示：①本科目核算企业库存现金，反映库存现金的增减变化；②在借贷记账法下，库存现金增加借记本科目，库存现金减少贷记本科目；③本科目期末借方余额，反映企业持有的库存现金。

会计科目有两种分类方法。一是按照所归属的会计要素分类，分为资产类、负债类、共同类、所有者权益类、成本类和损益类。图 1 为会计要素与会计科目的对应关系。

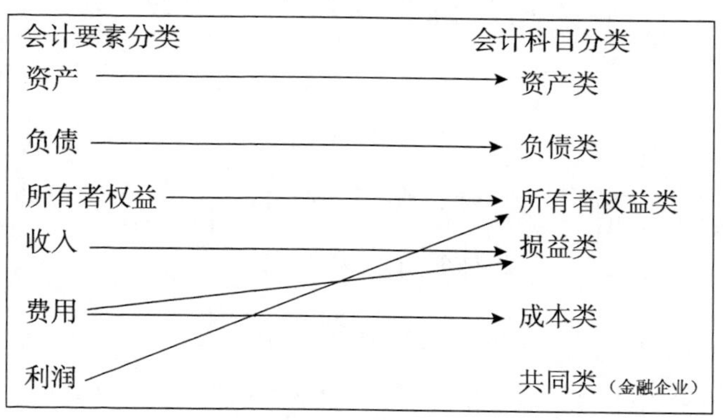

图 1　会计要素和会计科目的对应关系

二是按所提供信息的详细程度及统驭关系分类，可分为总账科目和明细科目。例如：原材料——原料及主要材料——圆钢，其中，原材料就是总账科目（一级科目），原料及主要材料是明细科目（二级科目），圆钢也为明细科目（三级科目）。

10. “会计账户”要诀

会计账户是什么？

核算工具作定义。

一定格式须具有，

记录必须能连续，

经济业务可分类，

要素增减要清晰。

账户包含四要素：

本期增加与减少，

期初余额和末余。

账户结构应具备：

名称、摘要和日期，

凭证号码无遗漏，
业务引起金额变，
设栏反映增减余。

解析：

所谓的会计账户是指具有一定格式，用来分类并连续地记录经济业务，反映会计要素增减变动及其结果的一种核算工具。从定义可以看出，作为核算工具的会计账户包含四个关键点：一是具备一定格式；二是按照经济业务进行分类记录，将各项经济业务的发生情况以及由此引起的各会计要素的变化进行分类核算；三是一定要连续记录；四是反映要素增减变动及其结果。

会计账户的基本结构具备如下内容：①账户的名称，也就是会计科目；②日期，即记录的日期；③摘要，即概括说明经济业务的内容；④凭证号，标明账户记录的依据；⑤反映增减方的金额及余额。值得注意的是账户的余额一般与记录的增加额在同一方向。但损益类账户期末无余额。

关于会计账户格式，在理论教学中，我们经常会采用简化的“T”型账户；在实际工作中，最常用最基本的账户格式是三栏式账户。

11. “复式记账法”要诀

复式记账讲科学，
会计等式作依据。
每笔业务两面观，
资金有来必有去。
相互联系找账户，
既记此来亦记彼。
反映资金运动状，
变化结果览无余。
复式记账有多种，
符号规则各不同。
三种方法须知晓，

借贷目前最盛行。

解析：

复式记账法作为科学的记账方法被广泛运用。目前我国企业、行政、事业单位均采用此法。它以资产和权益的平衡关系作为记账基础，对于每一笔经济业务，都在两个或两个以上相互联系的账户中进行等额登记，系统反映资金运动变化结果。例如："以银行存款 1000 元购买原材料"，不仅要记"银行存款"减少 1000 元，还要记"原材料"增加 1000 元。

根据记账符号、记账规则的不同，复式记账法有三种：借贷记账法、增减记账法和收付记账法。其中，借贷记账法的应用最为广泛。借贷记账法的记账符号是"借"和"贷"，记账规则用一句话概括就是"有借必有贷，借贷必相等。"那么，利用借贷记账法编制会计分录的法宝是什么呢？一定要掌握如下公式：费用＋资产＝负债＋所有者权益＋收入。其中，等式左边借增贷减，等式右边借减贷增。如果有余额，一般在增加方。

12. “业务对会计等式影响”要诀

等式两边同时增

等式两边同时减

等式左边有增减

等式右边有增减

解析：

经济业务种类多，按性质分类好把握。

企业经济业务天天发生，每一次业务发生都会引起相关会计要素的量变，这样必然对会计等式产生影响。那么它们的影响类型有哪些呢？

实践证明经济业务对“资产＝权益”的影响只

有四种情况：

①资金进入企业，资产和权益数额增加；

②资金退出企业，资产和权益数额减少；

③资产形态变化，一种资产增加，另一种资产减少；

④权益类别转化，一种权益增加，另一种权益减少。

因此，将企业的全部业务进行梳理，只要分类不出差错，仅牢牢把握经济业务对会计等式的四种影响，即可解决编制会计分录这一难题。

至于在此基础上，考虑业务引起全部会计要素变动对会计等式的影响，可以细分为九种情况，实质上是深入理解综合会计等式中，费用和资产处于一边，而收入和权益处于另一边的问题。考虑的要素增加了，组合方式自然就会增多。

13. “借贷记账法”要诀

借贷记账法，

源自意大利，

国际已通用，

学习须谨记：

借贷为符号，

等式是基理，

账户分结构，

记账规则易：

有借必有贷，

借贷必量齐。

试算不平衡，

金额出问题。

试算若平衡，

切莫大欢喜。

特殊情况有：

科目记错、方向记反、业务漏掉或重记。

试算难查诸类错，

全靠平时细处理。

解析：

借贷记账法源自意大利，系我国会计改革者引入之舶来品，它同中国会计实践相结合，体现出其科学性和适用性。

借贷记账法的主要内容包括理论基础、记账符号、账户结构、记账规则、会计分录、试算平衡、平行登记。

其理论基础是会计等式，这一数学表达式充分反映了资金运动之内在规律，它决定着会计其他基本理论的形成。

其记账符号是“借”“贷”二字，定义为账户左借右贷，它纯粹是记账符号，代表记账方向，不具有经济意义。

其账户结构分为资产类、负债类、所有者权益类、成本类及损益类。资产同负债及所有者权益类账户结构形成“对称美”；成本类同资产类账户形同；损益类中的“损”类形同资产类，但前者月末一般无余额；损益类中的“益”类同权益类账户形似，前者月末一般也无余额。

其记账规则是“有借必有贷，借贷必相等”。它要求对每笔业务都要以相等的金额、相反的方向，同时登记在两个或两个以上的账户中。

会计分录是指对某项经济业务标明其应借应贷方向、科目名称、发生金额的记录。

试算平衡是依据会计等式原理验算所有账户记录是否正确的过程方法。它可以进行“发生额试算平衡”，也可进行“余额试算平衡”。

平行登记是指对同一项经济业务，应当在同一会计期间内，既登记相应的总分类账，又登记所属的明细分类账，做到两者的登记依据相同、方向相同、金额相等。

14. “会计分录编制”要诀

会计分录三要素：
方向金额与科目。
分录若要编得好，
必经以下四步骤：
一问要用何科目？
二问金额增或减？
三问方向如何选？
四问金额怎确定？
四步金曲唱对头，
保你分录满堂红。

解析：

会计分录编制是会计实操的一项基础工作，编制正确的会计分录是确保记账凭证填制正确的前提。

初学者往往对编出正确的分录缺乏信心，原因主要有二：一是不知怎样对业务进行有效分析；二是不知会计分录编制的正确步骤。下面我们以一笔简单业务为例进行说明。

例：某企业出纳员将5000元现金送存银行。

这一业务的发生必然导致库存现金减少，银行存款增加，即资产类会计科目之间发生一增一减变化，这是由经济业务的性质引起的同类会计科目的数量变化。

针对该业务，按照“借贷记账法”的要求，编制会计分录应遵循以下思路：

①寻找适合的会计科目。显然要用到“库存现金”和“银行存款”。

②其金额变化是“银行存款”增加和“库存现金”减少。

③两科目都属资产类，因此“银行存款”增加记“借方”，“库存现金”减少记“贷方”。

④发生的金额 5000 元应同时记入两个科目中。

由此，会计分录编制如下。

借：银行存款　　5000

　贷：库存现金　　5000

15. “经济业务核算”要诀

经济业务千千万，
核算必须抓主线。
筹资使得业务始，
有了资金要周转。
先供应，再生产，
随后销售去赚钱。
收入成本两相比，
算出成果最养眼。
有了成果做分配：
以前亏损先补全，
依法提取公积金，

而后分红按股权，
最后依规提盈余，
皆大欢喜开新篇。
经营之中有闲钱，
进行投资才划算。
长期短期巧组合，
千万莫忘避风险。
上述业务细琢磨，
书本举例有示范。
学样做样多练习，
定会高手满校园。

解析：

企业正常的经营活动犹如一条长河，其业务的发生处于这条长河的不同“段位”，如筹资、投资、供应、生产、销售、成果核算及分配等。

对初学者而言，要想了解企业经营活动全貌，按逻辑顺序把握经济业务主线至关重要。

首先要学会筹资的核算。一般筹资渠道有两种：一是投资人投入；二是企业从外部借入。它的基本核算：资产增加，权益增加。

其次要学好供、产、销三个过程的核算。

供应过程一般业务表现：一种资产增加，另一种资产减少；一种资产增加，一种负债增加。

生产过程的一般业务表现：费用、生产成本增加，流动资产因消耗而减少；费用、生产成本增加，固定资产因磨损而发生价值转移。

销售过程的一般业务表现：一方面，销售实现引起资产或债权增加，用货币反映的收入也增加；另一方面，销售商品导致所有权发生转移进而引起资产减少，用货币反映的销售成本增加。

依据上述供、产、销的一般业务表现，其会计核算最基本的业务主线如图2、图3、图4所示。

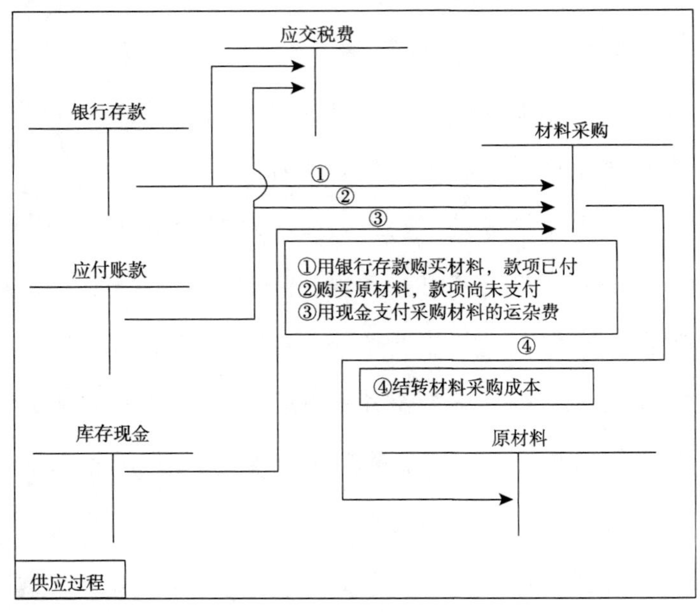

图 2　供应过程主要经济业务核算

经营成果核算的一般业务表现：所有的损益类账户于期末全部转入“本年利润”账户，即“损”类转入该账户“借方”，“益”类转入该账户“贷方”，通过二者的比较确定会计期间是盈利还是亏损。

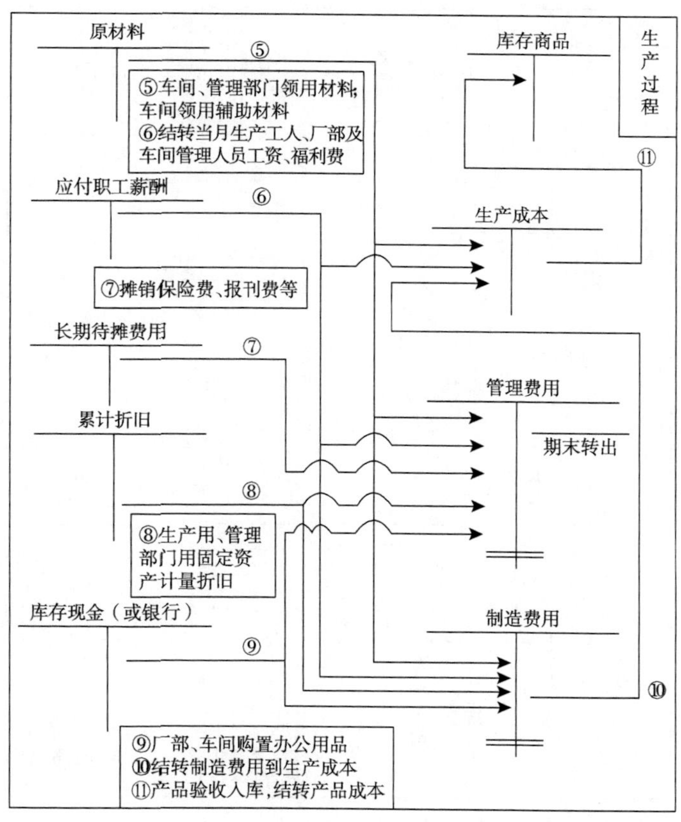

图3　生产过程主要经济业务核算

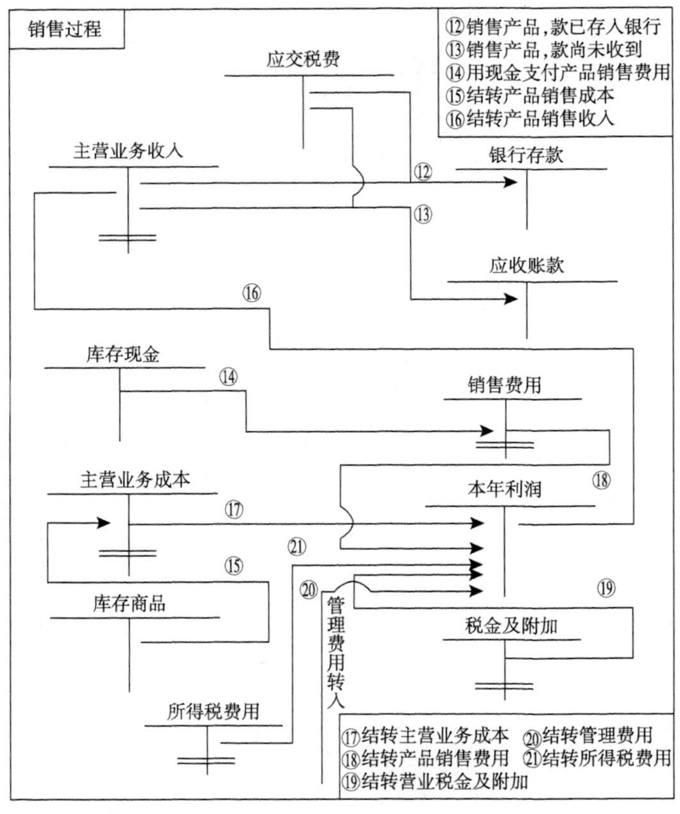

图 4　销售过程主要经济业务核算

16. “财务成果核算”要诀

经营成果要核算，
掌握方法很关键。
用好“本年利润”户，
盈亏一目便了然。
期末“益”类全转贷，
期末“损”类借方转。
比较借贷双方数，
贷方大者则为盈，
借方大则亏损现。

解析：

经营成果核算的基本原理是依据“收入－费用＝利润”的会计等式来进行的。核算时初学者最易犯的错误是将收益类、支出类账户发生额转错方向。这显然是受了“收入－费用＝利润”外在形式的影响。因此，有必要给初学者特别指明：“本年利润”账户用于经营成果核算，其性质属于所有者权益类，按借贷记账法规则，贷方应反映所有收益类账户的增加额，借方应反映所有支出类账户的增加额。以上要诀使初学者在巧妙记忆经营成果核算过程的基础上，既能深刻理解公式的含义，又对“本年利润”账户借贷方反映什么内容有清晰明了的认知，以利于真正把握经营成果核算的实务操作技巧。

17. “利润分配顺序”要诀

企业实现净利润，
分配严格按程序：
先补以前年度亏，
再提法定盈余公积，
而后给投资者分红，
最后提取任意公积。

解析：

利润是企业在一定会计期间的经营成果。在每一会计核算期末，企业都要计算出利润，并按规定进行分配。

注意：这里讲的是“按规定”！过去在教学过程中没有特别强调此点，只要学生对利润分配问题回答出全部内容即给满分。这将带来两个不良后果：一是学生平时学习只注重记忆其分配内容而忽视其顺序（程序）；二是长此以往不利于培养学生的严谨态度和守规精神。

对会计人来讲，把握专业知识固然重要，但更为重要的是懂职业操守。该要诀就是为克服上述缺陷而设计的，希望能让初学者在速记专业知识、牢记专业知识的同时，培养其敬业精神和法制观念。

18. “科目与账户区别”要诀

科目账户很密切，
二者还是有区别：
科目仅是账户名，
账户依据科目设。
详述区别有三项，
若能记清好区别。
第一项：
科目本身无结构，
账户结构坚如铁。
第二项：
账户记账方向明，

增减变动均反映。
第三项：
二者设置有差别，
国家统一设科目；
账户单位自行设。
注意实际工作中，
二者称谓不严格。
有的开口叫账户，
有的也把科目说。
入乡随俗莫计较，
你知我知才专业。

解析：

会计科目是对会计要素具体内容进行分类核算的项目；会计账户则是具有一定格式，用以分类、连续地记录经济业务，反映会计要素增减变动及其结果的工具。二者如影随形，联系密切，但实际工作中在称谓上又没那么严格的区别。这就给初学者带来了一定的困惑：究竟是严格区分好呢？还是“入乡随俗”好呢？

首先，该要诀以严谨的教学态度，从培养学生求真精神出发，要求初学者弄清科目与账户的区别：其一，科目无结构，账户有结构，是名与实的区别；其二，科目不能用来记账，表示不出记账的方向，而账户可以记录经济业务发生及完成情况，可以表明记账方向以及会计要素发生增减变动的金额大小；其三，科目是由国家财政部门统一按规定设置的，会计账户则可由企业据自身的经营实际及会计核算和提供信息的需要而自行设置。

其次，从初学者融入工作团队的现实需要出发，明确指出：二者在实际工作中称谓上的不严格并不影响会计专业人员之间的沟通交流。在实际工作中需要较真的应是是否做到“依规操作”，而非咬文嚼字。

19. “会计凭证”要诀

会计凭证名目杂，
初次相识眼发花。
盯住主干秀两枝，
再分多少小枝丫。
原始凭证第一枝，
外来自制两枝杈；
记账凭证第二枝，
收付转是三胞丫。
长相难辨怎区别？
依靠颜色辨别它。
红收蓝付黑转账，

一目了然不抓瞎。
原始凭证要审核，
以下几点做实踏：
一要审其真实性，
二要注意合法化，
三要着重合理度，
四要完整无遗漏。
最后正确是保证，
方为记账基础扎。
记账凭证要审核，
注意事项如其下。
一审附件有误否，
二审科目规范化，
方向金额不许错，
全对才是合规哈。
三审日期与编号，
摘要签章莫漏下。

无误凭以登账簿，

会计信息才有价。

解析：

学习会计凭证，对初学者而言，首先想到的就是教材上那张巨大的会计凭证分类图示。尽管所有作者都予以精心编排，但初学者依然会产生眼花缭乱之感。笔者认为，在意象上给学生建立“树”之形象，效果会更好。让初学者先看到树干和大的枝丫，着重掌握它们的原理、作用及操作技法。至于各种凭证的格式及填写，经过实训课初学者会一目了然的。最基本和重要的其实是设法让初学者明白原始凭证和记账凭证各起什么作用？有何联系？为保证会计信息的真实、可靠，应如何填制和审核？它们对后续的会计工作会产生什么影响？掌握了这些内容，便会起到“提纲挈领”的作用，达到“纲举目张”的效果。

特别是对凭证的审核，除让初学者学到审核的专业原则和技巧外，更重要的是对其进行素质教育。通过朗朗上口的诗歌，让他们在愉悦的情绪中对遇事讲法依法、做事讲道理守规矩、从事职业必须讲求操守等有一个系统的认知。

20. “记账凭证填制”要诀

记账凭证之作用，
转化信息立首功。
关乎账簿之质量，
填制必须合规定：
填制内容要完整，
填制依据来路明，
连续编号不间断，
书写规范应工整。
原始凭证应分类，
不同内容莫混同。
各类人员须签章，

明确责任要先行。

解析：

记账凭证的主要作用就是将经济信息资料转化为会计信息。根据账务处理流程，记账凭证是登记账簿的直接依据，它的填制是否正确直接关系账簿的质量。记账凭证的填制一共有七个基本要求：

①凭证上各项内容必须完整。

②必须以审核无误的原始凭证为依据。

③记账凭证应连续编号。一笔经济业务需要两张及两张以上记账凭证的，可以采用分数编号法编号。

④记账凭证的书写应同原始凭证一样清楚、规范。

⑤记账凭证可以根据每一张原始凭证填制，或根据若干张同类原始凭证汇总编制，还可以根据原始凭证汇总表填制。但不得将不同内容和类别的原始凭证汇总填制在一张记账凭证上。

⑥记账凭证上，必须要有填制人员、审核人员、记账人员和会计主管的签名或盖章。

⑦除结账和错账更正外，其他记账凭证必须附有原始凭证。

21. “汇总记账凭证”要诀

汇总凭证怎么编？
同学一定擦亮眼。
教科书上讲方法：
一般汇期为五天，
最长不超过十天。
试问小月便罢了，
若遇大月怎么办？
须知理论和实践，
二者还是不等全。
脑子切莫太机械，
处理问题莫死板。

否则大月剩一天，
你看难堪不难堪。

解析：

汇总记账凭证的编制，是汇总记账凭证账务处理程序的一个重要环节，实际工作中这也是一项基本功。许多教材对其编制方法都是以 30 天为一个月来进行介绍的。由于初学者对新知识多采取讲什么、听什么、记什么的态度，所以从长期的教学过程看，老师只要照本讲，初学者几乎无人提出过疑义。但现实的情况是一年中月份有大小，一般大月都比小月多出一天；二月更特别，有时 28 天，有时 29 天。为解决教学中所选择的范例同实际之间的差异，就须明确告知学生一个常识——理论和实践需要结合起来，才能既解决一般的共性问题，又可解决具有特殊性的问题。教学实践已经证明，该部分内容编成要诀，不仅便于初学者灵活把握汇总记账凭证编制的基本原理，也有助于指导他们进行实操练习，达到“知行合一”的效果。

22. “错账更正”要诀

记账出错种类多：
重记漏记数字错，
方向记反科目乱，
数字颠倒也惹祸。
更正不许刮挖涂，
药水消除使不得，
重新抄写不合规，
更正方法须掌握。
正确方法有三种，
划线红字和补充。
何时来用何方法？

限制条件要弄清。
错误出在结账前，
纯属笔误来造成，
选用划线更正法，
操作简便且易行。
记账出错因凭证，
选用红字第一种，
红字编证冲原错，
再填蓝证做更正。
科目方向若无错，
金额大于应记额。
选用红字第二种，
填红冲销多记额。
科目方向若无错，
金额小于应记额，
选用补充登记法，
填蓝增记少记额。

上述要诀记准了，
错账更正准无错。

解析：

古人云："人非圣贤，孰能无过？"会计工作是一项严肃而严谨的工作，每天同数字、文字打交道，即使在主观上要求自己小心再小心，记账的差错还是时有发生。从客观上看，存在出错的情况多种多样，可以说防不胜防。错了必须更正！这是会计信息质量特征的必然要求。正因为实践中出现错账的种类太多，所以必须有达成共识且行之有效的错账更正方法。这些方法从要求上讲，既要清晰明了、易于分辨，又要针对特定的错账有特定的改正方法。经过长期的会计实践，一套错账更正方法已经形成。但在教学中，老师认为已经把这些方法讲得很清楚了，而学生却仍感觉云里雾里，做错账更正练习时，对具体的差错选用何种方法心里仍无底气。笔者也用问答题的形式考核过学生，学生回答的情况也不好。

究其原因，笔者认为，最主要的问题是学生对三种错账更正方法的操作技巧和各自的适用情况缺乏系统的认知，并觉得这些都是必须死记硬背的东西，毫无规律可循。

基于此，笔者认为以让学生搞明白错账的种类及原因、错账更正的原则、各自的操作特点以及如何有针对性地选择适用的方法为目的，进行便于系统记忆的要诀教学尝试，当会收到出乎意料的效果。

23. “对账”要诀

核对账目叫对账，
对账内容有三项，
账证、账账要核对，
账实核对不能忘。
有人提出小疑问，
实物和账不一样！
要知实物记明细，
不先核实咋对账？
所以账实也核对，
列入对账理应当。

解析：

通过教学实践可发现，无论作业练习还是考试，总有学生遗漏了“账实核对”。通过了解，最终原因是有些学生并不认为对账的内容包括“账实核对”，“对账”就应是核对账目，“实物”不是“账目”。显然错不出在学生身上，而是教材或老师未讲清其中的道理。该要诀就是为解决这一问题而总结的。首先，强调初学者要记住“对账内容有三项”，而非两项；其次，针对初学者的质疑，说明企业对实物进行会计管理不仅要记好各种明细账，而且期末要将实物与其明细账核对准确，才能保证全部“对账”任务完成。若无“账实核对”这一环节，仅拿反映实物的总账同所属的明细账进行核对，是根本把握不住实物的实际库存的。

24. “财产清查”要诀

财产清查作用大，
注意种类和方法。
若按清查范围分，
可全亦可局部查。
若按清查时间分，
定期不定两类划。
清查方法有多种，
但要注意针对性。
现金清查重实地，
出纳在场是必需。
存款清查重核对，

账单核对要逐笔。
借助编制调节表，
掌握可用存款余。
实物清查到现场，
实地盘点最理想。
若遇大量成堆货，
技术推算最便当。
产品量大又雷同，
抽查盘存也可行。
若有委托加工品，
核对采取发函证。

解析：

财产清查是会计的重要核算方法之一，对于保证会计信息质量，维护企业财产安全完整，及时清理往来款项，及时发现各种违法、违纪、违规行为，加强企业全面管理等无疑有重大现实意义。

首先，对于初学者来说，由于缺乏对企业真实情况的了解，缺乏对各类物资及产品特性的了解，所以较难分辨何种财产采取何种清查方法最为合适有效。其次，各种清查方法具体操作的注意事项也是一个比较难以理解和把握的问题。再者，就是众多的清查对象往往会让初学者感到头脑发胀，面对庞杂的清查任务手足无措。

教学中要克服以上难点，理清财产清查会计核算方法的基本思路至关重要。笔者从教学实践中得出：应先告诉初学者为什么要开展财产清查，清查的范围是如何确定的，每种方法针对的清查对象是什么，以及清查中每种方法的应用最主要的注意事项是什么；继而形象列举出一些被清查对象的自然特性、物理特性及社会特性，诸如对矿砂的盘存、对液态产品的盘存、对银行存款的盘存等，让初学者对选择的清查方法形成正确的认知。

为此，财产清查要诀将纷繁的专业知识轻松化、诗意化，从而利于初学者以较快的速度记牢、记准财产清查的主要内容。

25. “永续盘存制”要诀

何谓永续盘存制？
实乃账面盘存制。
存货增加或减少，
明细账中连续记。
随时结出结存数，
存货余额便清楚。
期末结存数几何？
简单计算便可知：
期初结存作基础，
加计本期增加数，
再减本期减少数，

即为期末结存数。

解析：

对于一个会计主体而言，实物的清查包括对材料、在产品、产成品、存货、固定资产等财产物资的盘点和核对。其中，存货清查较为复杂。“永续盘存制”就是存货清查的一种制度。学习永续盘存制的关键是掌握公式：期末结存数＝期初结存数＋本期增加数－本期减少数。要想结出期末结存数就必须知道期初结存数，记录本期增加数和减少数。显而易见，该制度的最大优点是能够加强库存财产的管理，随时掌握各项财产的占有情况及动态，有利于会计监督，所以它是一种常用且好用的存货盘存制度。

26. “实地盘存制”要诀

何谓实地盘存制？
平时明细记增数，
存货减少不登记，
待到期末再记录。
月末存货实地点，
实存记作账存数。
要知当期减多少？
简单计算用公式：
期初结存作基础，
加计本期增加数，
减去期末盘点额，

当期减少便清晰。
此法虽然较简便，
平时监督缺力度。
一些商企尚可用，
工企不必走此路。

解析：

“实地盘存制”是存货清查的另一种制度。学习实地盘存制的关键是掌握公式：本期减少数＝期初结存数＋本期增加数－期末实地盘点数。要想倒推出本期减少数就必须知道期初结存数，记录本期增加数及期末实地盘点数。显而易见，该制度平时只需要登记存货增加数，不用登记减少数。优点是方法简单，工作量小。缺点是各项财产的减少数没有严密手续，倒推出的减少数可能存在损失浪费等非正常因素，不利于会计监督。所以，除部分商业企业外，工业企业很少采用这种盘存制度。

27. “账实核对”要诀

账实核对很重要，
全部内容要记牢：
财产物资要核对，
债权债务莫忘掉！

解析：

账实核对就是各项财产物资、债权、债务等账面余额与实有数额之间的核对。需要初学者重点掌握两方面：“账”和“实”。在实务中主要表现为如下四项内容：首先是“现金日记账”账面余额与实际库存现金数量核对；其次是“银行存款日记账”账面余额与银行对账单余额核对；再次是各项“财产物资明细账”账面余额与财产物资的实有数量核对；最后是有关“债权债务明细账”账面余额与对方单位的账面记录核对。

28. “账实不符”要诀

会计信息要客观，
账实相符是基点。
企业账实多不符，
把握原因是关键。
账实不符原因多，
下列细表一个个：
收发财物计量差；
登记财物计算错；
漏记重记时常有；
偶有数据颠倒的；
管理不善会丢损；

变质也是常有的；
有些物资自然损；
有些物资还会多；
自然灾害难预计；
意外损失难预测；
贪污自盗也会有；
营私舞弊须警觉。

解析：

进行财产清查后出现账实不符，无论盘盈还是盘亏都是一种客观事实。财产清查的作用，就是要通过财产清查及清查结果的处理，让各项财产物资、往来账项做到账实相符。财产清查最主要的目的是通过企业定期、不定期的财产清查来摸清家底，搞清楚盘盈、盘亏的真正原因，从而采取有力措施，促使企业各种资源发挥最大的利用效率。由此看来，让初学者了解账实不符的各种原因，并能够根据原因提出相应的账务处理建议至关重要。

如前所说，造成财产盘盈、盘亏的原因很多，对初学者来说理解和记忆确有一定困难。笔者尝试将这部分内容编成要诀的形式来帮助和促进初学者加强记忆。在要诀内容的编排上，按正向思维路径展开：首先提出账实相符是会计信息质量特征的客观要求；而后面对现实，尊重事实，向初学者说明企业存在账实不符的现象颇多，进而引出造成账实不符的种种原因。对其各种原因及可能造成的结果，按由轻到重的逻辑顺序叙述，先列出因工作失误造成，再列出因自然因素造成，最后列出因违法、违纪、违规造成。因其原因步步推进，这就能使初学者在朗读学习时会在心理上形成一种激荡感，从而加深记忆。

29. “编制银行存款余额调节表”要诀

编制余额调节表，
项目名称先看好。
左为银存账余额，
右为对账单余额。
左加银收企未收，
左减银付企未付，
右加企收银未收，
右减企付银未付。
未达账项逐笔列，
调节之后结余额。
余额相等意味深，

作为初学要细心：
调节之后余额等，
一般情况还能行；
事情没有绝对的，
真假猴王要分清，
有时两错数正巧，
抵销之后成为零。
虽说双方皆有错，
并不影响数平衡。
还有一种调节法，
口诀绝无啥毛病：
左加企付银未付，
左减企收银未收，
右加银付企未付，
右减银收企未收。
调节之后余额等，
但与前者不同数。

两种方法俩结果，
哪个对来哪个错？
这须实践来检验，
要看银行咋认可。
先把结果告大家：
银行认可第一个！
为什么？
请你细细来思索……

解析：

“银行存款余额调节表”的编制，是初学者必须掌握的一种企业同银行核对账项的重要方法，它对初学者了解企业在某一时点可动用存款的数额以及由此增强对资金的管理能力有特殊的意义。

学好该部分内容，初学者会遇到这样几个基本问题：一是为什么要编制此表？二是未达账项是何含义？怎样区分未达账项的几种情况？三是如何具体编表？既然是对数学方法的运用，有无其他调节方式也可达到调节后余额平衡的效果？四是调节平衡后它有什么意义？从以往教学的实际看，这既是一个会计核算的技术问题，又是一个可以培养初学者逻辑思维的问题。

为解决上述问题，笔者以要诀形式让初学者逐步深入地掌握教科书知识，同时引入另一种有趣的调节方式，让初学者进行对比。由此，让初学者彻底弄明白调节后企业可动用银行存款余额的现实含义是什么，以此促使初学者在学习中理论同实际相结合。

30. “现金清查”要诀

现金清查很重要，
现场出纳必须到。
进行实地盘点时，
注意抵库打白条；
超额留现不允许；
挪用款项法不饶。
现金清查之结果，
要编盘点报告单，
溢缺数额填明白，
经办均须把字签。

解析：

库存现金是一项流动性极强的资产。因这一特征更须严格管控，否则容易出现管理漏洞。因此，定期、不定期地对现金进行清查就成了一项重要的会计管理工作。此要诀结合工作实际，主要突出以下要点：一是清点时出纳在场是保证工作有效的基本要求；二是清点时对“白条抵现、超限额留用、恶意挪用”必须既关注数额，又关注危害程度；三是对清查结果必须如实、及时以“盘点报告单”形式上报；四是以签章手续证明清查人员的职责履行情况。

31. “财务会计报告编制要求”要诀

报告追求质量高，
符合要求最重要。
真实可靠是根本，
全面完整有必要，
相关可比前后期，
编制及时讲实效，
便于理解应提倡，
晦涩难懂不可搞。
不过此项有条件，
用者专基须较高。

解析：

一位毕业的学生因为工作需要而询问："老师，单位让我们编制财务会计报告，您能告诉我编制财务会计报告需要注意哪些要点吗？"笔者将此要诀教予他，学生如获至宝："老师，口诀朗朗上口，我一下子记住了。编制财务会计报告有五个要点：真实可靠、全面完整、相关可比、编报及时、便于理解"。是的，找到了好的记忆办法，事半功倍！

真实可靠：要使财务会计报告所提供的信息对决策者有用，就必须保证该信息是真实可靠的，即财务会计报告反映的数据，必须以实际发生的经济业务及审核无误的账簿记录为依据，真实反映企业的财务状况、经营成果和现金流量。

全面完整：企业财务会计报告应当全面地披露企业的财务状况、经营成果和现金流量情况，完整地反映企业财务活动的过程和结果，以满足有关方面对财务会计信息资料的需要。

相关可比：在编制基础、编制依据和编制方法上，应保持前后会计期间的一致性，便于报表使用者在不同企业之间及同一企业前后各期之间进行比较。

编报及时：只有及时编制并对外提供财务会计报告，才能使会计信息的使用者充分利用财务会计报告中的会计信息，作出经济决策。

便于理解：如果企业提供的财务会计报告晦涩难懂，不好理解，那么信息使用者就无法作出正确的判断。当然，这一要求也应是建立在财务会计报告使用者具有一定的财务报告阅读能力基础之上。

32. “中期报表”要诀

会计报表可分期，
“中期”含义须注意。
“中期”非只指半年，
它包括：
月度、季度、半年期。
这个问题常出错，
在此特别提醒您。

解析：

尽管许多专业知识来源于人们的日常生活，并同人们对日常生活规律的认知密不可分，但专业术语往往具有特定含义。笔者在考试或测验中发现一个有趣的问题：不管老师怎么讲解关于会计报表分期中“中期”的含义，学生总会出现类似的错误——将中期答成半年期。这说明一些专业术语同我们的一些常识含义并不等同。自从将这个简单要诀施教于学生之后，新一届学生在测验和考试中针对这一问题出现错误的概率几乎为零了。一位学生曾这样说：“老师，这个要诀不仅好记，而且令我印象深刻，我永远都不会再把‘中期’只理解为半年期啦！”

33. “财务会计报告”要诀

财务报告一整套，
“四表一注”要记牢。
资产负债表、利润表，
现金流量表，
所有者权益变动表，
还有附注莫忘掉。
第一表为静态表，
反映企业某一时点上：
资产、负债、所有者权益
是多少。
第二表为动态表，

反映企业某一时期内：
收入、费用、利润
如何形成的。
第三表为动态表，
反映企业某一时期内：
现金及现金等价物，
流入、流出的全貌。
第四表为动态表，
反映企业某一时期内：
股东权益之增减，
以及结构变化之样貌；
还要反映利得与损失，
将综合收益向使用者表。
此表编制难度大，
详情中财之中唠。
会计报表有附注，
具体内容请参见：

《企业会计准则第 30 号——财务报表列报》。
列示附注作何用?
帮助使用者理解报表,
更好地为决策做参考。

解析:

财务会计报告也叫财务报告或会计报告。它是企业对外提供的反映企业特定时期财务状况和特定会计期间经营成果、现金流量、综合收益等会计信息的文件。由于上述信息直接影响信息使用者的利益,所以财务报告必须对企业财务状况、经营成果、现金流量、综合收益等予以全面、充分的披露。

对初学者而言,会遇到一系列问题:一套完整的财务报告需包括哪些基本内容?每一种报表反映了资金运动情况的何种状态?每一份报表提供了哪些确切信息?列示附注的作用是什么?哪些内容需要以附注的形式列示？这一连串的问题往往将初学者搞得头晕。教学中笔者尝试以此种方式让学生记忆和理解相关内容，结果显示学生不仅能快速地熟悉全部内容，记忆全面，而且在自主学习的基础上，对各类报表的信息有了较好的对比性把握，并对其信息含量的系统性、联系性有了较好的认知。你若是初学者，不妨也试一试。

34. “会计工作组织要求”要诀

会计工作涉面广，
巧妙安排方顺畅。
系统运行靠组织，
基本要求不能忘。
合法组织第一条，
依法依规不违章。
定身打造第二条，
切合实际地气旺。
节约高效第三条，
提效更须重质量。

解析：

会计工作组织的要求一共有三条。在教学过程中，笔者发现学生对这三条内容的理解完全没有问题，但在考试中往往容易漏选或错选。显然是学生未将其完整记忆。为此，笔者将其编成了要诀：合法组织第一条，定身打造第二条，节约高效第三条。全面记忆，要诀来背。

要符合国家对会计工作的统一要求。只有按照国家对会计工作的统一要求来组织会计工作，才能正确地进行会计核算，实施会计监督，使会计信息既能满足国家宏观调控管理的需要，又能满足企业内部管理人员和内外各利害相关主体的需要。

要根据各单位生产经营特点组织会计工作。各单位在组织会计工作时，除了要符合国家统一要求外，还必须考虑本单位的业务特点、经营规模大小、内部管理机制以及人员素质等具体情况，才能做出切合实际的安排。

既要保证核算工作的质量，又要节约费用，提高工作效率。在实际工作中，会计凭证、账簿、报表的设计，会计机构的设置和会计人员的配备等，都应避免烦琐；与时俱进，利用现代信息技术改进会计工作方法与流程，提高工作效率；防止机构庞大、人浮于事和形式主义。

35. “会计工作岗位责任”要诀

会计工作岗位多，
下面一一来细说。
部门要有主管官，
强化管理设稽核。
总账报表又一岗，
资金核算缺不得。
财产物资专人管，
债权债务可并合。
工资核算要细心，
成本费用耐琢磨。
收入利润设要岗，

出纳绝对不能舍。
出纳可以单人岗，
业务太多多人做。
出纳一人可多岗，
首要不得兼稽核。
档案保管也不许，
一些账目碰不得。
会计岗位可轮换，
防止久长是非多。

解析：

建立会计工作的岗位责任制，使每一项会计工作都有专人负责，每一位会计人员都有明确的职责，权责明确，保证工作质量与效率。在教学过程中，笔者常常听到学生提问："老师，将来我们能去哪些会计工作岗位？这些岗位主要是做什么工作？"搞清楚会计工作的岗位以及对应的岗位责任，能让初学者在学习过程中做到有的放矢。此要诀将所有的会计工作岗位以及责任进行了凝练。如果您是初学者，不妨试试。需要特别注意：一是出纳人员不得兼任稽核、会计档案保管以及收入、支出、费用、债权债务账目的登记工作；二是单位档案管理部门的人员不属于会计部门。

36. “会计职业道德”要诀

会计职业有法依，
道德底线不可逾。
若要保证高水平，
道德建设乃必需。
爱岗敬业守信用，
诚实廉洁当自律。
客观公正讲准则，
提高技能善学习。
强化服务树形象，
多出主意善管理。
与时俱进新思维，

新征途上更奋起。

解析：

会计职业道德贯穿于会计工作的所有领域和整个过程，是对会计法律制度的重要补充，是规范会计行为的基础，是实现会计目标的重要保证，更是会计人员提高素质的内在要求。在会计教学中，会计学原理和财经法规与会计职业道德课程都反复提到了“会计职业道德”。学而思之，学而用之，希望所有的会计从业人员不但要记住会计职业道德的基本内容，更要在实际工作中严格遵守会计职业道德。

爱岗敬业指的是忠于职守的事业精神，这是会计职业道德的基础；诚实守信是做人的基本原则，也是会计职业道德的精髓；廉洁自律是会计职业道德的前提，也是会计职业道德的内在要求；客观公正是会计职业道德所追求的理想目标；坚持准则是会计职业道德的核心；提高技能，这既是会计人员的义务，也是职业活动中做到客观公正、坚持准则的基础，是参与管理的前提；参与管理就是为管理者当参谋，会计人员特别是会计部门的负责人必须强化自己参与管理、当好参谋的角色意识和责任意识；强化服务就是要求会计人员树立服务意识，提高服务质量，努力维护和提升会计职业的良好社会形象。